Walter Mühlhausen

Die Berliner Luftbrücke 1948/49

Inhaltsverzeichnis

Die bildliche Ikone der Luftbrücke

Es gibt nur wenige Fotos aus der Nachkriegszeit, die sich im kollektiven Bildergedächtnis so festgesetzt haben wie die Aufnahme, die ein US-Militärflugzeug beim Landeanflug auf den Berliner Flughafen Tempelhof in geringer Flughöhe über den Köpfen von Kindern und Jugendlichen zeigt. Das Foto stammt aus der Zeit der Berliner Blockade und der Luftbrücke, die als zentrale Medienereignisse einprägsame Bilder und Filmsequenzen hervorbrachten.

Nach dem Ende des Zweiten Weltkrieges hatten die vier Siegermächte – USA, Sowjetunion, Großbritannien und Frankreich – Deutschland in vier Besatzungszonen unterteilt, für

Bundesarchiv, Bild 146-1985-064-10A
1949, Frankfurt am Main, Flugzeuge auf dem Weg nach Berlin.

die jeweils einer der Alliierten zuständig war. Die Hauptstadt Berlin, die mitten in der sowjetischen Zone lag, wurde entsprechend in vier Sektoren gegliedert. Die Zufahrtswege von den Westzonen nach Berlin waren allgemein nicht geregelt – bis auf die von allen anerkannten Luftkorridore. Die von den Sowjets abgeschnürten drei Westsektoren waren daher einzig und allein über die Luft zu versorgen. Die ganz wesentlich von Amerikanern und Briten getragene Luftbrücke dauerte vom Juni 1948 bis zum Oktober 1949 – ein riskantes, am Ende erfolgreiches Unterfangen, in militärisch-strategischer wie politischer Hinsicht. Im Kalten Krieg zwischen Ost und West war sie lange Zeit das Symbol für Kampfeswillen und Siegesgewissheit der freiheitlichen Welt.

Zur dauerhaften Ikone wurde die Aufnahme von Henry Ries aus dem Frühherbst 1948, dessen zufällige Komposition so viele Interpretationsmöglichkeiten zulässt: Das US-Flugzeug, eine Douglas C-54 Skymaster, die während der Luftbrücke am häufigsten von und nach Berlin fliegen sollte – 225 Maschinen von diesem Typ kamen zum Einsatz – gelangt von rechts in die Szenerie hinein. Im Zentrum des Bildes rangieren die auf einem Trümmerberg von Berlin stehenden Kinder und Jugendlichen. Etwas abseits von diesen befindet sich die einzige, nicht den Blick auf das Flugzeug richtende, sondern in die Kamera schauende Person, die in Uniform als amerikanischer Soldat identifiziert werden kann. Dass er ohne militärisches Beiwerk wie Helm oder Waffe die Szene verfolgt, aber mit Genugtuung, wie es scheint, unterstreicht die Friedfertigkeit des Moments. Denn der US-Bomber, der vor einigen Jahren vielleicht eine Tod und Zerstörung bringende Fracht in die Reichshauptstadt transportiert hat und damit für den zu sehenden Trümmerhaufen mitverantwortlich sein könnte, liefert der nachwachsenden Generation Hoffnung.

Der Fotograf stammte aus dieser Stadt: Henry Ries. Der 1917 als Heinz Ries in Berlin geborene Sohn jüdisch-liberaler Eltern hatte vor den Nationalsozialisten in die Vereinigten Staaten fliehen müssen. Nach Annahme der US-Staatsbürgerschaft hatte er im Krieg in Asien gekämpft und war nach Kriegsende im August 1945 als US-Soldat zurück in seine Geburtsstadt gekommen, die er 1938 mit „schwerem Herzen" hatte verlassen müssen. Er erinnert sich: „Sieben Jahre später, in amerikanischer Uniform, mit neuen Freunden in neuer Sprache, voller Erwartung kam ich zurück – zurück in eine tausendjährige Verwüstung zu alten, hungrigen Freunden, zu unbezeichneten Gräbern." Hier arbeitete er als Fotograf, zunächst für die US-Militärregierung; er entdeckte – so Ries weiter – seine alte Stadt wieder, und zwar durch das Objektiv: „Seitdem blieb meine Linse immer scharf auf die Berliner eingestellt." Eines dieser Resultate seiner „scharfen" Einstellungen war das Bild vom landenden Transportflieger, das erstmals am 10. Oktober 1948 in einer Ausgabe der „New York Times" erschien, zu der Ries Ende 1946 gewechselt war.

Mit dieser und unzähligen weiteren Aufnahmen wurde Ries zu *dem* Fotografen der Blockadezeit, dessen Werke schon gegen Ende der Luftbrücke in einer ersten Ausstellung in Berlin präsentiert wurden; es sollten zahlreiche weitere folgen. Nach Beendigung seiner Arbeit in Deutschland ging der „rasende Fotoreporter für ganz Westeuropa" (Ries über Ries) zurück nach New York, aber seine Arbeit führte ihn immer wieder nach Deutschland, sodass er bildlicher Chronist der bundesdeutschen und Berliner Nachkriegszeit wurde.

An den 2004 in Berlin-Zehlendorf bestatteten Ries erinnert eine Gedenktafel an seinem Geburtshaus, in der es u. a. heißt: „Er war der Photograph der deutschen Nachkriegszeit. Sein Photo eines ‚Rosinenbombers' der Berliner Luftbrücke wurde zum Symbol für die Unterstützung der Freiheit West-Berlins durch die USA, in die er 1938 hatte emigrieren müssen."

Der sich bald in der Blockadezeit entwickelnde Begriff „Rosinenbomber" verlieh dieser in erster Linie militärischen Operation eine emotionale Prägung, denn in der Verbindung aus „Rosinen" und „Bomber" dominierte der erste Teil. Das zweite, eigentlich Unheil verkündende Wort wurde so seines kriegerischen Klangs entkleidet. Auf diese Weise entstand ein

Wort mit einer positiv besetzten Sendung. Die Rosinenbomber brachten 1948/49 nicht nur Nahrung (und Süßigkeiten) in den abgeriegelten Westteil Berlins, sondern alles zum Leben Notwendige.

Archiv der sozialen Demokratie, Bonn

Im Anflug über einer Häuserzeile.

Brennpunkt Berlin

Berlin, die durch die nationalsozialistische Politik in Trümmern gelegte, besetzte und in vier Sektoren geteilte alte Reichshauptstadt, entwickelte sich schon bald nach Kriegsende zum Brennpunkt des sich herausbildenden Ost-West-Konflikts. Hier an der Nahtstelle der Systeme, des freiheitlich-demokratischen des Westens und des kommunistisch-diktatorischen des Ostens, zeigte sich die weltpolitische Lage im besonderen Maße. In Berlin wurde deutlich, dass sich die einstige Kriegskoalition nach dem Sieg über Deutschland auseinanderdividierte. Aus Verbündeten gegen Hitler-Deutschland wurden Gegner.

Am 20. März 1948 kam es zum Bruch im Alliierten Kontrollrat, in dem die Militärgouverneure der vier Besatzungsmächte gemeinschaftlich die Politik im besiegten Deutschland berieten. Der sowjetische Vertreter Wassili Sokolowski verließ mit seinem Stab die Sitzung, nachdem ihm seine westalliierten Kollegen keine Auskunft über die Entscheidungen der vierzehn Tage zuvor beendeten ersten Runde der Londoner Sechsmächtekonferenz gaben. In London hatten die westlichen Sieger USA, Großbritannien, Frankreich mit den drei Beneluxstaaten die künftige Deutschlandpolitik beraten. Die Konferenz, deren zweite Runde dann vom 2. April bis 20. Juni dauerte, sollte den Weg zur Gründung der Bundesrepublik Deutschland frei machen.

Die 82. Sitzung war zugleich die letzte des Kontrollrats. Die Zeichen standen nun endgültig auf Konfrontation. Dem Auszug der Sowjets aus dem Kontrollrat folgte am 16. Juni, am Vorabend der Währungsreform in den Westzonen, ihr Rückzug aus der Alliierten Kommandantur in Berlin, dem gemeinsamen Verwaltungsorgan in der Hauptstadt.

Neues Geld auch für West-Berlin.

Das erste Halbjahr 1948 war ohnehin bereits von Störungen im alliierten Verhältnis in und um Berlin begleitet, wobei die Sowjets eine Politik der Nadelstiche verfolgten. Dazu gehörte im Januar 1948 der Stopp eines Nachtzuges von Berlin nach Bielefeld, den die Sowjets in ihrer Zone anhielten und dabei die 120 deutschen Reisenden wieder zurückschickten. Es folgte die sogenannte „kleine Berlin-Blockade": Ab dem 1. April 1948 kam es zu verschärften Kontrollen im Personen- und Güterverkehr. Tags darauf ordnete US-Militärgouverneur Lucius D. Clay an, dass, um die sowjetischen Schikanen zu umgehen, Transporte nach Berlin über die Luft zu erfolgen hatten. Drei Tage wurde dieses Vorgehen ausgetestet. Im Rückblick erschien es wie ein Probelauf für die dauerhafte Versorgung aus der Luft. Was dann elf Wochen später tatsächlich kommen sollte, konnte Anfang April allerdings kaum jemand erahnen.

Währungsreform als Auslöser

Im dritten Nachkriegsjahr wartete man in Deutschland auf eine längst überfällige Währungsreform. Am 18. Juni wurde sie von den drei Westmächten für die drei Westzonen angekündigt. Zwei Tage später kamen die in den Vereinigten Staaten gedruckten und in 23.000 Kisten im Rahmen der „Operation Bird Dog" nach Bremerhaven verschifften neuen Geldscheine zur Ausgabe. Das neue Geld sorgte für eine Explosion im Angebot von Waren, die der Handel aus Furcht vor einer Währungsreform und einem damit einhergehenden dramatischen Wertverlust der alten Reichsmark zurückgehalten hatte.

Die Sowjets, die über ihre Spionagekanäle schon längst von der geplanten Währungsumstellung wussten, mussten auf die Ankündigung der westlichen Sieger reagieren, um die eigene Zone vor einer Schwemme der bald wertlosen Reichsmark zu schützen − zumindest solange, bis eine eigene neue Währung vorhanden war. Es ging darum, den drohenden geld- und finanzpolitischen Kollaps der eigenen Zone abzuwenden. Auch wenn man selbst schon seit längerem Pläne für eine Währungsreform geschmiedet hatte, so erfolgte sie angesichts des Vorpreschens der Westalliierten überstürzt und improvisiert. Die Sowjetische Militäradministration in Deutschland (SMAD) erklärte dabei, das neue Ost-Geld über die eigene Zone hinaus auch im gesamten Berlin zuzulassen. Da die Sowjets so rasch keine eigenen Geldscheine zur Verfügung hatten, wurden Reichsmarkscheine mit Kupons überklebt, die im Volksmund spöttisch als „Tapetenscheine" bezeichnet wurden. Erst einen Monat später standen neue Geldscheine zur Verfügung. Gegen die Einführung dieses neuen Ost-Geldes auch in ihren Sektoren sperrten sich jedoch die Westalliierten, die eigentlich nicht vorhatten, Berlin in die westdeutsche

Währungsumstellung einzubeziehen. Die Sowjets wollten nicht nur das neue Ost-Geld auch in den Westsektoren einführen, sondern zugleich für den eigenen die Verwendung anderer Währungen verbieten. Das traf in erster Linie die westdeutsche D-Mark. So beschlossen die Westalliierten, in ihren Sektoren die Westmark einzuführen. Zur Kennzeichnung wurden die westdeutschen Scheine mit dem Aufdruck „B" – eben für Berlin – versehen. Währungspolitisch spaltete sich die Stadt: Im Osten durfte nur die Ost-Mark gehandelt werden, in Westen galten bis zum März 1949 beide Währungen, danach dann ausschließlich nur noch die D-Mark.

Die Abriegelung Berlins

Auf die Währungsreform in den Westzonen reagierten die Sowjets mit der Berliner Blockade. Schrittweise schnürten sie vom 19. Juni an die Verkehrsverbindungen von den zwei an ihr Besatzungsgebiet angrenzenden Zonen, der britischen und der amerikanischen, nach Berlin ab. In der Nacht zum 24. Juni folgte die gänzliche Abriegelung: Kein Fahrzeug sollte mehr auf der Straße, kein Zug mehr auf der Schiene, kein Lastkahn mehr auf dem Wasser nach Berlin kommen können. Mit der Abschaltung des Großkraftwerks Golpa-Zschornewitz, das die Hauptstadt mit Fernstrom versorgte, gingen in den Westsektoren noch in der ersten Nacht die Lichter aus.

Die ersten Maßnahmen begründete der Osten mit „technischen Störungen" – ein fadenscheiniges Argument. Denn diese Behinderungen würden, so ließ Marschall Sokolowski am 3. Juli 1948 General Clay direkt wissen, so lange anhalten, bis das Vorhaben der Weststaatgründung aufgegeben werde. Dass die Blockade ein Druckmittel war, machte Anfang August Stalin in Moskau auch gegenüber den Botschaftern der drei Westmächte deutlich.

Die unmittelbare Antwort des Westens auf die Abschnürung war die Gegenblockade, ein Stopp der Lieferung von Kohle und Stahl in die sowjetische Besatzungszone (SBZ). Für die Versorgung des Westteils blieben drei Luftkorridore, gesichert durch die weiterhin von den Sowjets respektierten alliierten Verkehrsabkommen von Ende 1945. Diese 20 Meilen breiten Korridore konnte jeder der Alliierten ohne vorherige Ankündigung rund um die Uhr nutzen. Wenn man also die drei abgeschnürten Westsektoren versorgen wollte, dann musste man in die Luft gehen. Und die Westalliierten taten es, nachdem Clays Plan eines gewaltsamen Durchbruchs mit einem bewaffneten

Auf dem Berliner Flugplatz Tempelhof werden während der Luftbrücke amerikanische Transportflugzeuge vom Typ Douglas C-47, die militärische Version der DC-3 „Dakota", entladen.

Konvoi auf dem Landweg als Vorhaben mit ungewissem Ausgang verworfen worden war. US-Präsident Harry S. Truman entschied, in Berlin zu bleiben und die rund 2,1 Millionen Einwohner im Westteil aus der Luft zu versorgen. Auch die Briten unter Premierminister Clement Attlee sprachen sich für eine solche Aktion aus, für die freilich auch die Unterstützung der Berliner vonnöten war. Der im Juni 1947 gewählte (aufgrund eines Vetos der Sowjets jedoch nicht bestätigte) Berliner Oberbürgermeister Ernst Reuter (SPD) sicherte Clay in einem Gespräch Ende Juni zu, dass die Bevölkerung der Westsektoren zu den Westalliierten stehe.

„o. k. denn man los" („The New York Times" 4. Juli 1948)

General Clay bekam eine Woche nach der Absperrung die Genehmigung zur Luftbrücke, die offiziell am 26. Juni begann, als die US Air Force die ersten für die Versorgung der Bevölkerung bepackten Maschinen losschickte. Zwei Tage später startete die britische Royal Air Force mit ihren Versorgungsflügen. An diesem 28. Juni gelangten 268 Tonnen an Fracht nach Berlin *(die Angaben immer als US-short-ton = 907 Kilogramm)*. Bereits vor der Blockade hatten die Amerikaner in der Befürchtung von Schikanen der Sowjets etwa 180 Tonnen an Milchpulver und Kondensmilch einlagern lassen. Als Minimum zum Überleben galt eine Tagesimportmenge von in etwa 4.000/4.500 Tonnen, darunter 1.500 Tonnen an Lebensmitteln, der Rest war Brennstoff. Die ersten Tage schaffte die Luftflotte jedoch nur 700 Tonnen nach Berlin. So wurde schon recht bald klar, dass von den in den Westsektoren vorhandenen Vorräten mehr verbraucht wurde, als über den Luftweg neue rangeschafft werden konnten. Erst nach einigen Wochen, am 12. August, konnte die angestrebte Tonnage erbracht werden. Gleichwohl waren Einschränkungen, auch in der Energieversorgung, unausweichlich: Gas wurde auf die Hälfte reduziert und Strom gab es für vier Stunden am Tag. Das erheblich reduzierte Benzin war seit dem 25. Juni nur noch an zwei Tankstellen zu haben. Ende Juni reichten die Kohlevorräte maximal für einen Monat.

Die erst im September 1947 als eigenständige militärische Organisation geschaffene US Air Force (USAF) trug die Hauptlast der „Operation Vittles" (übersetzt „Proviant"), wie die Amerikaner ihr Unternehmen nannten. Mit der Durchführung betrauten sie Ende Juli General William H. Tunner. Die Briten, die mehr als nur der Juniorpartner der Amerikaner werden sollten, gaben ihrer dann am 26. Juli beginnenden Hilfsaktion später den Namen „Operation Plainfare", was in etwa so viel wie Hausmannskost oder noch treffender karge Kost bedeutet. Die Berliner mussten sich einschränken. Die angespannte Versorgungslage suchte der Osten für seine Reputation zu nutzen. Am 20. Juli kündigte man an, dass zwischen dem 26. Juli und 3. August alle Berliner sich ihre per Lebensmittelkarten zustehenden Rationen auch im Ostteil abholen konnten. Die Westberliner hatten sich zu entscheiden, ihre Lebensmittelkarten im Westen oder im Osten einzulösen. Diese Aktion, von der sich die Sowjets einen Reputationsgewinn erhofften, erwies sich als Fehlschlag. In dieser ersten Woche hatten sich gerade einmal 21.800 Berliner aus den West-Sektoren im Ostteil zur Lebensmittelausgabe eintragen lassen, eine verschwindend geringe Anzahl, die bei der Fortsetzung der Aktion unter einer sich dramatisch verschlechternden Lage auf doch eher bescheidene 100.000 Menschen anstieg, also auf rund fünf Prozent der West-Berliner Bevölkerung. Die überwiegende Mehrheit widerstand den Verlockungen. Die Westsektoren waren keineswegs komplett abgeriegelt, wie viele Zeitgenossen glaubten: Tatsächlich konnte mit dem Osten der Stadt und dem Brandenburger Umland Handel betrieben werden; es gab über die Abschottung hinweg durchaus Freiräume für einen Waren- und Personenverkehr. Doch die Versorgung der Stadt und damit das Überleben der West-Berliner hingen im Großen und Ganzen davon ab, was die Westmächte nach Berlin zu liefern im Stande waren.

Der Anfang war mit großen Problemen begleitet, die im „Black Friday", dem Schwarzen Freitag am 13. August, kulminierten: Am 50. Tag der Luftbrücke schossen aufgrund von äußerst schlechten Sichtverhältnissen drei Maschinen über die Landebahn des Flughafens Tempelhof hinaus. Sie fingen zum Teil Feuer und machten so die Landung der ankommenden weiteren Maschinen unmöglich. Diese kreisten wartend über Berlin. General Tunner, der selbst in einer Warteschleifen

Start eines US-Militärflugzeuges vom Flughafen Frankfurt am Main. Im Hintergrund steigt Rauch von einer abgestürzten und in Brand geratenen Maschine auf.

drehenden Maschine saß, gab, da der Sprit auszugehen drohte, einigen Flugzeugen den Befehl zur Umkehr. Als Konsequenz des Desasters wurde die Strategie geändert und effizienter gestaltet. Erlaubt war nur noch ein Landeanflug; falls dieser misslang, musste der Pilot durchstarten und zurück in den Westen.

Die Maschinen flogen auf dem südlichen und nördlichen Korridor nach Berlin und auf dem mittleren zurück. Unterschiedliche Flugebenen ermöglichten eine dichte Folge, im Abstand von drei Minuten zu Maschinen in den anderen Höhen, 15 Minuten zu jenen auf der gleichen. Das war ein schwieriges logistisches Unterfangen, kamen doch unterschiedliche Flugzeugtypen mit unterschiedlichen Höchstgeschwindigkeiten zum Einsatz. Koordiniert wurde das Ganze durch ein im Oktober 1948 ins Leben gerufenes gemeinsames Luftbrückenkommando der Amerikaner und Briten („Combined Airlift Task Force") unter Leitung von US-General Tunner mit Sitz in der hessischen Landeshauptstadt Wiesbaden. Im Westen hatten die Berlin-Flieger zuerst fünf, später dann neun Stützpunkte. Die Briten nahmen 25 Airlines als Chartergesellschaften unter Vertrag, die den Hauptanteil der Flüssigbrennstoffe nach Berlin schafften.

In Berlin standen die beiden Flughäfen Tempelhof und Gatow mit nur jeweils einer halbwegs befestigten Rollbahn zur Verfügung. Sie mussten erweitert werden. Zunächst bekam der mitten in der Stadt gelegene Tempelhof im September 1948 eine zweite, dann eine dritte Bahn. Jeweils zwei von ihnen wurden benutzt, während die dritte derweilen instand gesetzt wurde. Die Rollbahn des im britischen Sektor gelegenen Gatow wurde ausgebaut, im April 1949 eine zweite Landebahn fertiggestellt. Gleichwohl erwies sich bereits zu Beginn ein dritter Flugplatz als unabdingbar. Und nun kam Frankreich ins Spiel. Frankreich konnte sich nicht direkt an der Luftbrücke beteiligen, da das Land in Indochina einen Krieg führte, der das militärische Potential – auch die Flugzeuge – band. Im französischen Sektor sollte der dringend benötigte dritte Flugplatz entstehen: Tegel. Das für den Bau benötigte schwere Gerät kam ebenfalls über die Luftbrücke – im Westen zerlegt, nach Berlin gebracht und dort zusammengebaut. Zeitweise arbeiteten bis zu 19.000 Berliner, darunter 40 Prozent Frauen, am Flughafen, der nicht einmal nach drei Monaten fertiggestellt war. Mitte November 1948 war Tegel betriebsbereit, der im April 1949 eine zweite Landebahn erhielt. Einen den Flugverkehr von Tegel beeinträchtigenden Sendeturm eines sowjetisch kontrollierten Radiosenders sprengten die Franzosen kurzerhand Mitte Dezember. Bis zu 20.000 Deutsche arbeiteten allein auf den drei Flughäfen.

Die Flugintensität stieg. Die Statistik verzeichnete für Juli 1948 pro Tag 436 Flüge nach Berlin, für August 578 und für September 657, ehe die Zahl aufgrund wetterbedingter Einschränkungen zurückging. Im April 1949 zählte man

Beim Bau des Flughafen Tegel arbeiten zahlreiche Frauen; im Hintergrund rechts ist der später zerstörte Sendemast noch zu sehen.

durchschnittlich 867 pro Tag. Von Juli bis Dezember 1948 kamen insgesamt fast 63.000 Tonnen an Lebensmitteln nach Berlin. Am 18. Februar erreichte das gesamte Transportvolumen die Eine-Millionen-Marke. Die unter Dauerbelastung stehenden Maschinen wurden alle 25 Flugstunden an den jeweiligen Stützpunkten durchgecheckt und kamen nach insgesamt 200 Einsatzstunden zu einer großen Inspektion nach Oberpfaffenhofen. So betrug die Absturzquote während der Luftbrücke bei den US-Maschinen ca. 40 auf 100.000 Flugstunden, ein Fünftel weniger, als die USAF weltweit zu verzeichnen hatte. Nicht alles konnte glatt verlaufen, es gab Havarien sowie Bruch- und Bauchlandungen, auch Zusammenstöße. Gezählt wurden schließlich 70 Tote unter den alliierten Kräften, 39 Briten und 31 US-Amerikaner; hinzu kamen acht aus den Reihen des deutschen Personals.

Archiv der sozialen Demokratie, Bonn

Am 100. Tag der Blockade empfängt die Besatzung einer Skymaster den Dank der Berliner Bevölkerung und als Geschenk ein Modell einer Skymaster.

„Ihr Völker der Welt" – ein Appell an die freiheitliche Welt

Einhergehend mit der Luftbrücke verschärfte sich die innerpolitische Situation Berlins zwischen der moskauhörigen Sozialistischen Einheitspartei Deutschlands (SED) und den auf dem Boden der demokratischen Ordnung stehenden Mehrheitsparteien. Nachdem am 6. September 1948 zum wiederholten Male SED-Gefolgsleute das Neue Stadthaus im Ostteil der Stadt, wo der Magistrat sein Zuhause hatte und die Stadtverordneten tagten, gestürmt hatte, ohne dass die Polizei einschritt, versammelte sich das freiheitliche Berlin drei Tage später zu einer der imposantesten Kundgebungen der Nachkriegszeit: Vor einer schier unendlichen Menge rund um das Brandenburger Tor, die bis zu 300.000 Köpfe geschätzt wurde, fand Oberbürgermeister Ernst Reuter in seinem auch aus Sorge um eine zu große Kompromissbereitschaft des Westens formulierten Appell an die freiheitliche Welt legendäre Worte, in denen er zugleich den Widerstandswillen der Berliner bekundete: „Ihr Völker der Welt, ihr Völker in Amerika, in England, in Frankreich, in Italien! Schaut auf diese Stadt und erkennt, dass ihr diese Stadt und dieses Volk nicht preisgeben dürft und nicht preisgeben könnt!"

Die Zeichen standen auf Spaltung der Stadt: Nach den Krawallen am 6. September kamen die Mehrheitsparteien der Stadtverordnetenversammlung – ohne die SED – noch am Abend im Studentenhaus der Technischen Universität in dem im britischen Sektor liegenden Stadtteil Charlottenburg zusammen. Von nun an tagten sie im Westen. Am 30. November erklärte eine von der SED einberufene Rumpf-Stadtverordnetenversammlung den rechtmäßigen Magistrat für abgesetzt.

Vor einer Menschenmenge von geschätzten 300.000 rund um das Brandenburger Tor appelliert Oberbürgermeister Ernst Reuter am 9. September an
die „Völker der Welt", Berlin nicht fallen zu lassen.

Dieser ging dann mit einzelnen Magistratsabteilungen auch in
den Westteil. Am 5. Dezember fanden dann nur in West-Berlin
und ohne Beteiligung der SED Wahlen zur Stadtverordnetenversammlung – im Ostteil hatten die Sowjets die Wahl verbo-
ten – statt, die zwei Tage später Ernst Reuter zum neuen, jetzt
nur für den Westen zuständigen Oberbürgermeister wählte, der
im Schöneberger Rathaus seinen Sitz nahm. Sein Pendant im
Ostsektor war das Mitglied des SED-Zentralkomitees Friedrich
Ebert, ältester Sohn des 1925 verstorbenen ersten Reichsprä-
sidenten gleichen Namens.

Transportiertes

Die Luftbrücke wuchs zu einem beeindruckenden Transportunternehmen. Die nackten Zahlen lassen nur erahnen, welche logistische Meisterleistung sie darstellte. Im Zeitraum Juni 1948 bis September 1949 fanden 277.569 Flüge statt mit einer Ladung von 2,33 Mio. Tonnen, davon Kohle 1,59 Mio., flüssiger Treibstoff 92.300 und 538.000 Lebensmittel *(Zahlen nach Huschke)*. Beginnend am Ostersamstag, dem 16. April 1949, legte man sich besonders in Zeug: In 24 Stunden brachten 1.398 Flüge 12.941 Tonnen in die Stadt. Alle 31 Sekunden startete oder landete ein Flugzeug in Berlin. Leer flogen die Maschinen keineswegs zurück. In Berlin produzierte Güter gelangten über den Luftweg in den Westen. Die Briten, die in etwa ein Viertel der Tonnage nach Berlin beförderten, nahmen die Mehrzahl von Personen mit, zunächst im Juni/Juli etwa 4.000, die nicht in Berlin ansässig waren. Unter den ersten befanden sich auch 5.500 vornehmlich aus Polen stammende Juden, Überlebende des Holocaust, die auswandern wollten, zumeist nach Palästina oder in die USA. Menschen, die eine Aufenthaltsgenehmigung für eine der drei Westzonen besaßen und erklärten, in den nächsten sechs Monaten nicht nach Berlin zurückkehren zu wollen, durften gegen Bezahlung mit an Bord. Von September 1948 bis März 1949 gelangten etwa 14.500 Berliner Kinder und dazu einige Kranke, betreut vom „Hilfswerk Berlin", zur Erholung in die Westzonen. Insgesamt zählte man bis zum Ende der Blockade im Mai 1949 68.000 Passagiere.

Auch Ungewöhnliches kam nach Berlin. Da die Versorgung der Westsektoren mit Strom schon vor der Blockade als unsicher galt, weil die Sowjets jederzeit die Zufuhr hätten stoppen können, hatten sich die Briten im April 1948 entschlossen, das

Kraftwerk West, das im Zuge der Reparationsmaßnahmen von den Sowjets im Frühsommer 1945 vor Übergabe des Gebiets an die Briten demontiert worden war, neu zu bauen. Die Umsetzung fiel nun mitten in die Blockadezeit, sodass vor allem die technische Ausrüstung aus dem Westen eingeflogen werden musste. Zur Vollendung kam das Werk dann allerdings erst ein halbes Jahr nach dem Blockadeende.

Auch ein Kamel fand den Weg in die abgesperrte Stadt: Mitte Oktober 1948 entstieg „Clarence", das Maskottchen einer US Jagdflugzeugstaffel einer Maschine, umjubelt von einer großen Schar von Kindern, die man noch auf andere Weise glücklich machte. Verantwortlich dafür war ein junger US-Offizier.

SZ Photo 00080029

Berliner Kinder mit Schwimmwesten, die mit britischen Sunderland-Flugbooten nach Hamburg transportiert worden sind.

Der „Botschafter der Luftbrücke" – Gail S. Halverson

Am 10. Oktober 2020 berichtete der RBB (Rundfunk Berlin-Brandenburg) in seiner Abendschau vom 100. Geburtstag eines ehemaligen First Lieutenants der US-Armee: Gail S. Halverson. Nicht nur im Fernsehen wurde der Jubilar gefeiert, denn mit seinem Namen ist die Luftbrücke im Besonderen verbunden. Zum Volkshelden wurde der Pilot, als er während der Abriegelung Berlins an zu kleinen Fallschirmen umfunktionierten Taschentüchern befestigte Kaugummis und Schokolade beim Landeanflug

SZ Photo 00080034

US-Leutnant Gail S. Halvorsen lässt kurz vor der Landung seines Flugzeuges in Berlin Süßigkeiten mithilfe von selbst gebastelten Mini-Fallschirmen vom Himmel regnen. Die Aufnahme stammt vom 2. Oktober 1948.

abwarf. Auf die Idee war der „Vater der Rosinenbomber" (so der Regierende Bürgermeister von Berlin, Michael Müller, in seiner Würdigung zum 100. Geburtstag Halversons) gekommen, als er auf dem Flughafen Tempelhof eine Gruppe Kinder hinter einem Stacheldrahtzaun sah. Zunächst zum Missfallen, dann mit ausdrücklicher Förderung seiner Vorgesetzten, und von Anbeginn an mit großem Enthusiasmus versorgte „Mr. Candy Bomber" Kinder mit Süßigkeiten. „Operation Little Vittles", die zu einer strategisch durchdachten und von anderen fortgeführten Massenaktion wurde, an deren Vorbereitung sich auch Schulen in den USA beteiligten, prägte das Bild von der Luftbrücke. Sie war ein wichtiges Moment in der Entwicklung freundschaftlicher Beziehungen zwischen Amerikanern und Deutschen. Zur Beantwortung der Unmengen an Briefen von Berliner Kindern an Halverson richtete man eigens ein Sekretariat ein.

Aus Anlass des 70. Jahrestages nahm der mit dem Bundesverdienstkreuz geehrte „Schokoladenflieger", inzwischen 98-jährig, am 12. Mai 2019 noch einmal persönlich an den Feierlichkeiten auf dem Gelände des ehemaligen Flughafens Tempelhof teil.

bpk 30003090

Die Erfahrungswelt bestimmt die Fantasie: Kinder spielen Luftbrücke.

Das Ende der Blockade

Mit dem Beginn der Blockade stand zu befürchten, dass die Sowjets über die Abschnürung die stationierten Truppen der drei Westmächte zum Abzug zwingen könnten und ganz Berlin in ihr Herrschaftsgebiet einverleiben würden. Die Situation erschien vielen Zeitgenossen, auch den handelnden Politikern als der dramatische Höhepunkt im Ost-West-Konflikt. Eine wirkliche Gefahr, dass der Kalte in einen tatsächlichen Krieg münden würde, bestand in der Berlin-Krise der Jahre 1948/49 nicht. Dennoch stand ein Krieg als mögliches Szenario vielen Menschen vor Augen. Das eigentliche Ziel der Sowjets war es, die Gründung eines Weststaates zu verhindern. Dies war jedoch illusorisch, denn nur eine Woche nach dem Beginn der Blockade, am 1. Juli, vollzog sich mit der Übergabe der Frankfurter Dokumente an die westdeutschen Ministerpräsidenten ein entscheidender Schritt in Richtung Weststaat. Darin forderten die Westalliierten unter anderem dazu auf, eine Verfassung für die Westzonen zu erarbeiten. Nur zögernd begaben sich die westdeutschen Ministerpräsidenten auf den Weg, denn dieser – das war klar – würde in einen separaten Staat münden. Die Berlin-Blockade, die als Ausfluss sowjetischen Machtstrebens galt, sorgte für eine zusätzliche Legitimierung der Gründung der Bundesrepublik Deutschland, die sich im Mai 1949 als Verfassung das Grundgesetz gab. Nach den ersten Wahlen erhielt die Bundesrepublik im September 1949 ihre erste handlungsfähige Regierung unter Bundeskanzler Konrad Adenauer (CDU).

Anfang 1949 hatte Stalin Bereitschaft zur Beendigung der Blockade signalisiert. Bis dahin sollten noch vier Monate ins Land gehen. Den Weg frei machte das von den beiden UN-Abgesandten der USA und der Sowjetunion, Philipp C. Jessup und Jakow A. Malik, ausgehandelte Abkommen vom 4. Mai. Am 12. Mai um 00:01 Uhr wurde die Berlin-Blockade aufgehoben, ebenso die Gegenblockade der Westalliierten. Die West-Berliner feierten diesen Tag mit einer großen Kundgebung am Rathaus Schöneberg. Ungeachtet des Endes setzten die Westalliierten bis in den Herbst die Versorgungsflüge fort. Am 30. September 1949 flog die letzte US-Maschine im Rahmen der Luftbrücke nach Berlin, am 6. Oktober die letzte britische.

Archiv der sozialen Demokratie, Bonn

Auch das Kamel „Clarence", Maskottchen einer US-Staffel, kommt im Oktober 1948 nach Berlin.

Anmerkungen zur **Wirkungsgeschichte**

Die nahezu gleichzeitig mit dem Ende der Berlin-Krise aus der Taufe gehobene Bundesrepublik verfügte mit der Luftbrücke über ein wesentliches Element ihres Gründungsnarrativs. Sie wurde erst nach Abschluss zum Mythos, zum Symbol vom Siegeswillen der Berliner und auch für das gewandelte Verhältnis der einstigen Sieger und Besiegten, die jetzt freundschaftlich Seite an Seite standen. Erst mit dem Erfolg zeigte sich der Wandel im Beziehungsgeflecht zwischen Siegern und Besiegten. Die Westdeutschen und mehr noch die West-Berliner nahmen die von den Vereinigten Staaten angeführten westlichen Alliierten endgültig als Schutzmächte vor der kommunistischen Bedrohung wahr. Erst am siegreichen Ende trat vielen das Ausmaß der Leistungen der von einem unbändigen Siegeswillen getragenen Aktion deutlich vor Augen, fanden Opferbereitschaft und die Solidarität der westlichen Alliierten weite Anerkennung. Das war so vorher nicht gewesen. Anfängliche Skepsis und Reserviertheit wichen mit dem Erfolg der Zuversicht. Die auf Meinungsbilder spezialisierte Abteilung der US-Militärregierung notierte für den Juli 1948, dass 45 Prozent der Berliner an einen Erfolg glauben würden, im September waren es dann bereits 85 Prozent.

Die amerikanische Öffentlichkeit wurde von Beginn an durch reichhaltige Zeitungsberichte und Wochenschauen über die heroischen Taten ihrer Truppen im „Battle of Berlin" (so „The Stars & Stripes", die Zeitung der US-Streitkräfte) informiert. Dagegen blendete die westdeutsche Presse das Thema weitgehend aus. Mit der Erfahrung des Sieges brach sich auch bei den Deutschen das Gefühl von Zusammengehörigkeit und Solidarität Bahn. Insbesondere die Berliner waren sich nun des Rückhaltes der Westalliierten gewiss. Das erleichterte ihnen das Leben als „Insulaner".

Menschen warten vor dem Flughafen Tempelhof auf die Ankunft der Hilfs-
güter.

Erinnerung und Mythos

Berlin-Blockade und Luftbrücke erhielten im Ost-West-Konflikt der Folgezeit eine symbolpolitische Überhöhung. Sie führten zu einem weitreichenden antikommunistischen Konsens von Westeuropa und den USA, der Westdeutschland und die auf den Weg gebrachte Bundesrepublik mit einschloss. Die Amerikaner pflegten den Mythos, nicht nur durch den bereits 1948 im Auftrag der US Air Force produzierten 15-minütigen Dokumentarfilm „Operation Vittles" (Untertitel „Berlin Airlift"), der 1949 sogar für den Oscar nominiert wurde. Hollywood widmete sich schon 1949 dem Thema durch den Spielfilm „The Big Lift" mit Montgomery Clift in der Hauptrolle, der das nicht

Bundesregierung, B 145 Bild-00113847

Die Feierlichkeiten zur Einweihung des Denkmals für die Berliner Luftbrücke auf dem Platz der Luftbrücke vor dem Flughafen Tempelhof, 10. Juli 1951.

spannungsfreie Verhältnis zwischen Amerikanern und Deutschen vor dem Hintergrund der Luftbrücke schilderte. Der Streifen kam in entpolitisierter gekürzter Version mit einem Happy End unter dem Romanzentitel „Es begann mit einem Kuss" 1953 in die deutschen Kinos.

Zwei Jahre zuvor war bereits das Luftbrückendenkmal auf dem Platz der Luftbrücke eingeweiht worden. Jeder weitere Jahrestag wurde entsprechend gefeiert. Zu jedem Jubiläum ehrte man die seinerzeitigen Piloten, wurden Briefmarken aufgelegt, Devotionalien und Memorabilien unterschiedlichster Art vertrieben. Dies alles sorgte für eine erinnerungspolitische Aufladung der Selbstbehauptung einer isolierten Stadt, die als Bollwerk für Frieden und Freiheit dem kommunistischen Zugriff getrotzt hatte. Die Luftbrücke blieb ein prägnantes Symbol für die Verteidigung des freiheitlichen Wertekanons gegen die sowjetische Expansion. Das galt bis zum Mauerfall 1989. Auch wenn danach bis in die jüngste Zeit offiziell der Luftbrücke gedacht wird, so war sie doch in erster Linie ein zentraler Erinnerungsort des Kalten Krieges. Im wiedervereinigten Deutschland verlor sie den allgemeingültigen identitätsstiftenden Status.

Walter Mühlhausen

US-Briefmarke zu 32 Cent von 1998 nach dem Bild von Henry Ries 1948, das auch auf dem Sonderumschlag (mit dem Vermerk des letzten Ausgabetages 4. Mai 1999 und dem Ort Nürnberg) abgedruckt worden ist.

Walter Mühlhausen

Briefmarken der Bundesrepublik von 1959 und 1999 zum Ende der Luftbrücke. Die Marke zum 10. Jahrestag verbindet das Luftbrückendenkmal in Berlin mit den einstigen Luftkorridoren; die andere (40 Jahre später) stellt Kinder in den Vordergrund.

Kinder auf einem Feld vor dem Flugplatz Tempelhof in Erwartung der Schokoladenflieger.

Zitierte und weiterführende Literatur

Benz, Wolfgang: *Von der Besatzungsherrschaft zur Bundesrepublik. Stationen einer Staatsgründung 1946–1949,* Frankfurt a. M. 1984.

Burkert, Hans-Norbert/Hamann, Christoph (Hrsg.): *„Völker der Welt, schaut auf Berlin!" Blockade und Luftbrücke 1948/1949,* Berlin 1998.

Defrance, Corine/Greiner, Bettina/Pfeil, Ulrich (Hrsg.): *Die Berliner Luftbrücke. Erinnerungsort des Kalten Krieges,* Berlin 2018.

Die Berliner Luftbrücke. Ereignis und Erinnerung. Für das Alliierten-Museum hrsg. von Helmut Trotnow und Bernd von Kostka, Berlin 2010.

Förster, Uwe u. a.: *Auftrag Luftbrücke. Der Himmel über Berlin 1948–1949,* Berlin 1998.

Giese, Torben: *Die Westdeutschen und ihr Verhältnis zur Luftbrücke und den Amerikanern,* in: Historische Zeitschrift 201 (2010), S. 663–687.

Graml, Hermann: *Die Alliierten und die Teilung Deutschlands. Konflikte und Entscheidungen 1941–1948,* Frankfurt a. M. 1985.

Hamann, Christoph: *„Rosinenbomber". Zur Bildrhetorik der Berlin-Blockade,* in: Gerhard Paul (Hrsg.): Das Jahrhundert der Bilder. Bd. 1: 1900 bis 1949, Göttingen 2009, S. 762–767.

Huschke, Wolfgang J.: *Die Rosinenbomber. Die Berliner Luftbrücke 1948/49, ihre technischen Voraussetzungen und deren erfolgreiche Umsetzung,* Berlin 2. verbess. und erweiterte Aufl. 2008.

Kleßmann, Christoph: *Die doppelte Staatsgründung. Deutsche Geschichte 1945–1955,* 5. Aufl. Bonn 1991.

Making of... *Die Männer und Frauen der Berliner Luftbrücke 1948/49.* Für das AlliiertenMuseum hrsg. von Helmut Trotnow und Bernd von Kostka (Nachdruck der Ausgabe von 2008), Berlin 2018.

Prell, Uwe/Wilker, Lothar (Hrsg.): *Berlin-Blockade und Luftbrücke 1948/49. Analyse und Dokumentation,* Berlin 1987.

Provan, John: *Big Lift. Die Berliner Luftbrücke. 26. Juni 1948 – 30. September 1949,* Bremen 1998.

Ries, Henry: *Ich war ein Berliner: Erinnerungen eines New Yorker Fotojournalisten,* Berlin 2001.

Stivers, William: *The Incomplete Blockade. Soviet Zone Supply of West Berlin, 1948–49,* in: Diplomatic History 21 (1997), S. 569–602.

Uhl, Matthias: *Die Teilung Deutschland. Niederlage, Ost-West-Spaltung und Wiederaufbau 1945–1949,* Berlin 2011.

Wettig, Gerhard: *Berlin vor den Herausforderungen des Kalten Krieges 1945–1989,* in: Werner Süß/Ralf Rytlewski (Hrsg.): Berlin. Die Hauptstadt. Vergangenheit und Zukunft einer europäischen Metropole, Bonn 1999 (Ausgabe der Bundeszentrale für politische Bildung), S. 157–186.